식물이 나에게 보내는 SOS 신호

식집사 박민숙의

식물관리 care-solutions

박민숙 지음
오 욱 감수

부민문화사

식집사 박민숙의 걸어온 길

1997~현재	"꽃안에서" 창업
2013~2014	(사)한국화원협회 회장
2013~현재	(사)한국식물관리사협회 회장 (민간자격 2014-1517)
2014	석탑산업훈장 수상 (제3004호)
2014~2016	소상공인시장 진흥공단 비상임이사
2018	한국방송통신대학교 농학과 학사 졸업
2020	한국방송통신대학교 대학원 농업생명과학과 석사 졸업 (학위논문 : 포드×무지개 유래 우량 스프레이 F1 국화계통 선발 및 주요 농업형질에 대한 유전력 검정)
2021	백년가게 인증 (중소기업벤처부 제211201-00312호)
2022	영남대학교 일반대학원 원예생명과학과 박사 수료
2023	"제23회 올해를 빛낸 인물&브랜드 대상" 화훼산업 부문 수상

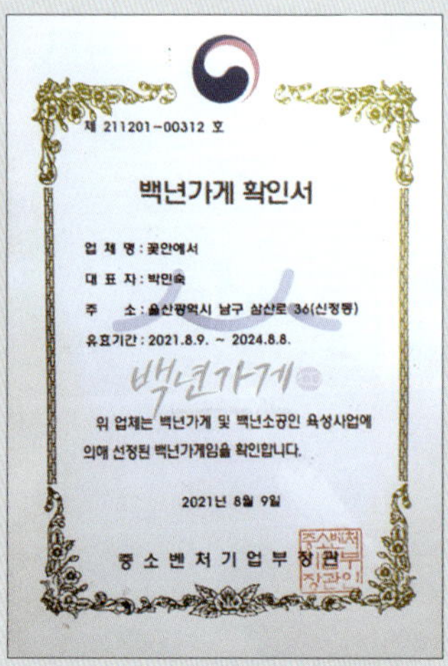

머리말

행복한 삶의 가장 기본적인 주거공간은 쾌적한 실내 공기질을 유지하여 가족의 건강과 편안히 쉴 수 있는 환경이 조성되어야 한다.

이 책은 주거공간 내 식물들이 스트레스를 받지 않도록 건강하게 잘 기를 수 있는 기초지식을 현장 사진과 함께 제공하여 누구나 식물 기르기에 도전할 수 있도록 기획하였다.

또한 현장 경험을 바탕으로 각 식물의 특성별 기본적인 관리방법을 제공함으로써 초보자도 쉽게 참고할 수 있도록 구성한 것이 특징이다.

이 책은 총 3개의 장으로 구성되었다.

제1장은 실내식물들의 유형별 care-solutions에 관한 내용으로
물을 좋아하는 식물과 건조에 잘 견디는 식물, 햇빛을 좋아하는 식물과 그늘에 잘 견디는 식물, 바람을 좋아하는 식물에 대한 설명과 실내 공기정화 능력이 뛰어난 50개의 식물 종류에 따른 수분 및 광 관리, 온도 관리 등에 관한 내용들로 구성하였다.

제2장은 식집사들이 식물을 기르면서 궁금한 부분과 각 유형별 문제에 대하여 30년간 꽃집을 운영하며 현장에서 터득한 기술과 원예학을 공부하며 습득한 지식을 바탕으로 구성하였다.

제3장은 계절별 환경에 따라 일어날 수 있는 식물의 특별한 상황에 식집사들이 올바르게 대처할 수 있는 방법 등으로 구성하였다.

목 차

02. 식물, 무엇이든 물어보세요

03. 식물의 특별 상황 대처 방법

01

식물 기르기의 중요성 및 기본 관리

1. 실내에 식물이 필요한 이유

현대인들의 누적된 피로와 일상생활 속에서 쌓이는 스트레스를 해소하기 위해서는 주거공간 내에 적절한 식물들을 기르는 것이 꼭 필요하다.

아름답고 쾌적한 실내환경을 위해 식물이 꼭 필요한 이유는 실내에 존재하는 환경 오염물질을 제거하고 음이온과 산소를 방출하는 식물의 공기정화 효과와 식물의 수분 증발 작용으로 인한 습도조절 기능을 통해 새집증후군, 아토피, 천식 등의 환경 관련 질환이 치료 및 개선될 수 있다는 연구 결과가 나타나고 있기 때문이다.

식물의 공기정화 기능

방출에 의한 정화 기능
음이온, 수분, 향기, 산소 등

흡수에 의한 제거 기능
포름알데히드, 휘발성 유기화합물, 일산화탄소, 이산화탄소 등

2. 실내식물 유형별 care-solutions

1) 물 관리

물을 좋아하는 식물

- 여름 겉흙이 말랐을 때 일주일에 1회~2회 정도 관수가 필요한 식물
- 수생식물, 줄기가 가는 식물, 잎이 작고 잎 두께가 얇은 식물, 수염뿌리를 가진 식물들은 수분저장 공간이 부족하기 때문에 대체로 물을 좋아한다.
- 토분에 심어진 식물들은 화분 표면으로 수분이 증발하기 때문에 물을 자주 주어야 한다.
- 스파티필룸, 녹보수, 극락조화, 드라세나 맛상게아나 등

드라세나 맛상게아나

물을 많이 주면 죽을 수 있는 식물

- 여름 겉흙이 말랐을 때 한 달에 1회~2회 정도 관수가 필요한 식물
- 자체 수분보유량이 많거나 수염뿌리가 많지 않고 햇빛이 잘 들지 않는 환경에서 자라는 식물은 높은 화분의 아래 흙이 젖은 상태에서의 과도한 수분공급은 수염뿌리에 스트레스를 주고 말라 죽음의 원인이 될 수 있다.
- 대체로 수분저장 공간이 충분한 식물이다.
- 크고 무거운 고무나무 종류들은 잎이 수분 스트레스를 받아 잎자루가 처지면 물을 다시 주어도 원상태로의 회복이 어려울 수 있다.
- 행복나무(해피트리), 파키라, 선인장, 베고니아 등

물을 주는 횟수

- 식물과 실내환경에 따라 다르기 때문에 반드시 며칠에 한 번, 얼마큼씩 주어야 한다고 단정지어 말하기는 어렵다.
- 일반적으로 봄부터 여름, 화분의 겉흙이 말랐을 때 1주일에 2~3회 정도 충분히 물을 주는 것이 좋다.
- 물을 좋아하는 식물이 물빠짐이 잘되며, 강한 햇빛에 노출되었을 때는 매일 주어도 좋다. (여름철 실내온도를 2~3℃ 낮출 수 있다.)
- 가을부터는 점점 물주는 횟수를 줄여주고, 겨울이 되면 식물에 따라 1주일에서 10일에 한 번 물을 주는 것이 좋으며, 몸에 물을 많이 저장하고 있는 정도에 따라 산세베리아나 선인장 또는 다육식물 종류는 한 달에 한 번 정도 물을 주어도 잘 견딘다. (겨울철 실내온도를 2~3℃ 높일 수 있다.)

물을 주는 시간

- 늦은 봄에서 여름까지는 오전 10시 전이나 해가 질 무렵에 물을 주어, 하루종일 더위에 수고한 식물이 시원하게 물을 먹고 밤에 쉴 수 있도록 배려해 주는 것이 좋다.
- 오전 11시부터 오후 4시 사이에는 물주는 것은 물론 베란다 또는 옥상정원의 식물관리도 식집사나 식물에게 좋지 않다.
- 겨울철에는 해가 뜨고 바깥 공기가 따뜻해질 무렵인 오전 10시경이 물주기에 가장 적당하다.
- 저녁 무렵부터 기온이 점차 내려갈 때 물을 주면 식물이 밤새 떨며 스트레스를 받을 수 있고 뿌리가 동해(凍害)를 입을 수 있다,
- 사람과 마찬가지로 식물도 스트레스가 생육에 가장 중요한 영향을 미친다.

2) 광 관리

햇빛을 좋아하는 식물

안스리움

- 많은 햇빛을 받기 위해 잎 표면이 투박해 보이는 식물은 해가 많이 드는 곳에 두고 관리하는 것이 좋다.
- 일반적으로 잎에 여러 가지 색깔이 많이 들어가 있는 식물은 녹색으로만 구성된 식물보다 많은 햇빛이 필요하다.
- 한여름 오전 11시에서 오후 4시 사이에는 차광(遮光)을 해주는 것이 좋다.
- 벵갈고무나무, 크로톤, 안스리움, 아글라오네마 등

그늘에 잘 견디는 식물

행운목

- 햇빛 반사를 위해 잎 표면이 반짝거리는 식물은 반음지에 두고 키운다.
- 해가 많이 드는 낮에는 차광(遮光)을 해주는 것이 좋다.
- 녹보수, 드라세나 콤팩타, 금전수, 행운목 등

3) 환기 관리

- 실내가 밀폐되어 바람이 없고 건조하면 병충해에 걸리기 쉽고, 환기가 잘되면 식물과 사람의 건강에 매우 좋다.
- 낮에는 식물이 햇빛을 받아 광합성을 하면서 공기 중 이산화탄소를 흡수하고 산소를 방출해 실내를 쾌적하게 만든다. 이때 실내 환기가 불량하면 식물 주변의 이산화탄소 농도는 낮아지고 산소 농도는 높아져 광합성을 제대로 할 수 없게 된다.
- 노지 식물을 실내에서 키울 때는 광과 수분 환경 못지않게 통풍도 매우 중요하다.
- 바람(통풍)을 좋아하는 식물 : 율마, 로즈마리, 녹보수, 황금죽, 아이비 외 다년생 노지 식물

율마
(골드크레스트)

4) 온도 및 습도 관리

- 식물을 키우면서 가장 많이 신경을 써야 할 것은 온도 및 습도이다.
- 여름철 고온기에는 수분이 많이 증발하기 때문에 그 양만큼 물을 충분히 주어야 한다. 물이 부족하면 잎과 줄기의 수분을 빼앗겨 말라 죽는 현상이 일어난다.
- 여름철 고온기에 식물을 베란다에 두었다면 차광해주고 자주 창문을 열어 환기시킨다.
- 겨울철에는 식물이 최저온도 0~5℃에 장기간 노출되지 않도록 보온해준다. 대부분의 실내식물 최적온도는 15~25℃이다.
- 겨울철 실내난방으로 공기가 건조할 경우 공중습도를 높여주는 것이 좋다.

베란다정원

실내 공기정화 능력이 뛰어난 원예식물 50선

01

아레카야자

학명 *Chrysalidocarpus lutescens*

야자과 식물로 강한 직사광선보다는 실내의 밝은 곳에 둔다. 내한성이 약하며 생육적온은 21~25℃, 월동온도는 13℃ 정도이다. 물은 겉흙이 말랐을 때 흠뻑 주는 것이 좋다. 직사광선을 피해 통풍이 잘되는 곳에 두고, 건조하지 않도록 수분을 유지하고 잎에도 물을 뿌려 공중습도를 높여주면 잘 자란다. 식물체가 건조해지면 깍지벌레가 달라붙어 식물의 수액을 섭취하여 번식할 수 있으며 잎이 뒤틀리며 말라 죽는다.

실내 공기 중에 있는 포름알데히드, 톨루엔, 벤젠, 크실렌(자일렌)과 같은 독성 물질과 담배 연기 등을 흡수하여 제거하는 데 탁월한 효과가 있고, 새집증후군을 완화하는 데 도움을 준다. 이외에도 음이온 방출 효과, 전자파 차단 효과 및 증산작용을 통해 많은 수분을 방출하여 실내 습도조절 능력이 우수하여 천연 가습기라고 불린다. 가정이나 사무실에서 가장 선호하는 식물이다.

일부 가지에만 염분을 축적하는 독특한 특징을 가지고 있으며 축적된 염분이 포화상태에 이르렀을 때 그 가지가 말라 죽게 되므로 이때는 빨리 가지를 잘라주도록 한다. 잎끝이 노란 것은 노화 현상이고, 갈변은 수분 부족 현상이다.

02

관음죽

학명 *Rhapis excelsa*

야자과 식물로 생육적온은 10~26℃, 30℃까지는 잘 견딘다. 건강하게 오래 키우려면 16℃ 또는 그 이상의 온도에서 관리하는 것이 좋다. 사토질 토양에서 촉촉하게 규칙적으로 수분을 유지해 주는 것이 중요하다. 그러나 과습할 경우 썩어서 말라 죽을 수 있다. 직사광선 스트레스를 받으면 잎 색이 흐려지고 잎이 마르고 뒤틀리게 된다. 이때 마른 잎은 제거해 주는 것이 좋다.

추위에도 강하지만 고온 다습한 환경에서는 흰가루병에 걸릴 수 있다. 처음에는 줄기가 한 개지만 자라면서 땅속줄기에서 싹이 뭉쳐나며 잎끝이 톱니처럼 갈라져 있다. 반그늘에서 잘 자라고 물을 좋아하며 온도와 공중습도가 높아야 한다. 종자와 포기나누기(분주)로 번식한다.

암모니아 가스 제거 능력이 우수하며 해충에 대한 저항력이 높아 병에 잘 걸리지 않지만 관음죽과 종려죽에서 가장 심각한 장해는 철분 부족으로 인한 황백화 현상이다. 새잎에서 녹색의 잎맥이 남아 있는 채로 심각한 황백화가 발생하면 토양에 킬레이트철 화합물을 웃거름으로 주거나 관주하는 것만으로도 바로잡을 수 있다.

03

인도고무나무

학명 *Ficus elastica*

뽕나무과 식물로 생육적온은 21~25℃, 최저온도는 13℃ 이상이다. 햇빛이 잘 드는 밝은 곳에서 잘 자라고, 음지에 장기간 노출되면 웃자람 현상과 줄기가 약해지며 잎 색의 발현이 나빠진다. 배수가 잘 되는 토양에서 규칙적으로 물을 주되 위쪽 흙이 마른 후 물을 주는 것이 좋고 겨울에는 횟수를 줄인다. 건조하면 아래쪽 잎들이 떨어지고 잎 색이 불량해진다.

봄부터 가을까지 한 달에 두 번 정도 관엽식물용 복합비료를 주고, 겨울에는 주지 않는다. 주로 엽아삽(새로 나온 가지나 눈이 있는 가지 부분을 잘라 꺾꽂이)으로 번식하는데 수경(물꽂이)과 토경(흙꽂이) 모두 가능하며, 연중 번식이 가장 쉬운 식물 중 하나이다.

병충해로는 너무 습하거나 너무 건조할 경우, 일교차가 크며 25℃ 정도의 높은 온도에서 발병하는 노란색의 아주 작은 점무늬가 생기는 슈도모나스에 의한 점무늬병, 적갈색을 띠며 줄기와 잎 썩음 증상을 동반하는 세균에 의한 점무늬병, 새잎을 가해하여 잎이 기형으로 뒤틀리거나 노란색의 아주 작은 점이 형성되고 차츰 검은색 점으로 변하는 총채벌레, 오래된 잎을 가해하여 관상 가치를 떨어뜨리는 응애 등이 있다. 잎이 두껍고 커서 수분부족으로 잎자루가 아래로 처지면 다시 물을 준다고 해도 원상태로 회복하기 힘들다.

아이비

학명 ***Hedera helix***

두릅나무과 다년생 식물로 지피식물, 공중걸이용, 벽면녹화용으로 많이 이용된다. 생장 속도는 빠르고 관리가 수월하다. 생육적온은 16~20℃, 최저온도는 5℃이다.

환경에 적응하면 추위에도 잘 견디지만, 고온에는 약하다. 포름알데히드 제거 능력이 우수하여 새집 증후군 개선용으로 많이 이용된다.

물은 흙 표면이 말랐을 때 충분히 주고, 고온 건조한 상황에 장기간 처할 때 응애나 깍지벌레 등의 해충이 생기기 쉬우므로 통풍이 잘되는 곳이 좋다. 봄에 분갈이할 때 가지치기하면 새순을 더 많이 볼 수 있다.

05

보스톤고사리

학명 *Nephrolepis exaltata* cv. Bostoniensis

고사리목 고란초과에 속하는 다년초로 네프롤레피스로 불린다. 습도가 높은 숲 또는 습지의 반양지에 서식하는 양치식물로 공기정화 능력이 매우 뛰어나다. 생육적온은 낮에는 18~24℃, 밤에는 10~18℃이다. 5℃ 이하에서는 말라 죽을 위험이 크다.

실내에서 재배할 때 물이 부족하면 잎끝이 갈색으로 변하거나 떨어진다. 자연에서는 포자로 번식하고, 재배종은 포기나누기로 번식한다. 수경(물꽂이)과 토경(흙꽂이) 모두 가능하며 공중걸이용, 벽면녹화용으로 사용되기도 한다.

증산작용을 많이 하여 실내 습도를 조절할 수 있고 포름알데히드, 담배 연기 제거에도 효과가 좋다.

06

싱고니움

학명 *Syngonium podophyllum*

천남성과 식물로 생육적온은 20~25℃, 겨울철 생육을 위해서는 8~10℃를 유지해야 하며, 7~8℃ 이하에 장시간 노출되면 냉해를 입을 수 있다. 고온 다습한 환경을 좋아하며 생육이 왕성한 시기에는 잎에 물을 자주 주고, 겨울철에는 표면 흙이 마르고 3~4일이 지난 후 물을 준다. 공기가 건조하면 잎이 마를 위험이 있으므로 낮 동안에는 잎에 물을 분무해주는 것이 좋다.

반그늘이 좋고 겨울에는 해가 적당히 드는 곳이 좋다. 수경(물꽂이)과 토경(흙꽂이)이 가능하고, 화분 가운데 지주를 설치하여 타고 올라가도록 하든지, 공기뿌리가 있어 높은 곳에 두고 공중걸이용도 가능하다.

꺾꽂이로 번식하며, 해가 들지 않는 곳에 장기간 있으면 잎 색이 연해지고 두께도 얇아져 찢어질 수 있다. 잎이 마르고 검은 반점이 생기며 하얗게 말라 죽는 시들음병과 응애, 깍지벌레, 온실가루이 등의 해충이 생길 수 있다. 암모니아 제거 효과가 큰 것이 특징이다.

07

벤자민고무나무

학명 *Ficus benjamina*

뽕나무과 식물로 생육적온은 21~25℃, 최저온도는 13℃ 이상이다. 포름알데히드, 자일렌이나 톨루엔 제거율이 높은 식물로 가지를 자르면 아주 소량의 하얀 물질이 나오는 고무나무 종류이다. 암모니아를 억제하는 효과와 오존, 아황산가스 흡수 능력도 뛰어나 실내 오염이 심하거나 쾌적한 환경을 유지하기 위해서 식집사에게 추천하고 싶은 식물이다.

키가 큰 것보다는 줄기가 두껍고 잎의 간격이 촘촘하며, 잎이 풍성하고 윤기가 흐르는 것이 건강한 식물이다. 그늘에 강하므로 실내에서 키우기 적합하며, 겨울에는 햇빛이 드는 창가에 두는 것이 좋다. 인도고무나무보다 추위에 약해 10℃ 이상을 유지해 주어야 한다.

꺾꽂이 또는 접붙이기로 번식하며 고온 다습하면 응애, 깍지벌레가 발생할 수 있다. 수분이 부족하면 갑자기 잎을 모두 떨구는데, 통풍이 잘되는 곳으로 옮기고 줄기와 잎에 자주 물을 분무해주면 금방 새잎을 낸다.

08

베고니아

학명 *Begonia semperflorens*

베고니아과 식물로 생육적온은 21~25℃, 최저온도는 13℃ 이상으로 비교적 관리가 수월하다. 해가 잘 드는 곳에 두면 꽃이 잘 피고 오래 간다. 반양지 식물로 10~25℃만 되면 일장에 관계 없이 꽃이 피는 중일식물이다.

베고니아는 실내 오염물질인 포름알데히드 제거율이 높은 식물로 많은 수분을 함유하여 아삭거리는 식감과 새콤한 맛이 있어 일본 농림수산성 주최 '식용꽃 시식회'에서 가장 인기 있는 꽃이었다고 한다. 약용효과도 높아 자양강장과 상처 난 부위의 염증 치료에도 탁월하다. 술을 만들거나 소스에 첨가하면 붉은 베고니아 색이 우러나와 매우 아름다우며, 다양한 음식 재료로서 가치가 높다.

봄, 가을에는 생육이 좋으나 장마철에는 습해를 받기 쉽다. 배수가 잘되는 토양에서 잘 자라고 습도가 높은 것을 싫어한다. 응애나 깍지벌레 등의 해충과 뿌리썩음병을 주의해야 한다. 종자를 파종하거나 꺾꽂이로 번식한다.

09

산세베리아

학명 *Sansevieria* spp.

백합과 다육식물로 관리가 아주 쉽다. 생육적온은 20~25℃, 최저온도는 13℃ 이상이다. 어떤 환경에서도 무난하게 잘 자라는 식물이다.

음이온 발생이 가장 높은 식물로 생명력이 강하다. 뿌리는 짧고 두꺼우며 잎 가운데 회녹색 줄무늬와 가장자리 노란색 무늬가 특징이다. 건조에 강하고 고온성이며, 겨울에는 13℃ 이하에서 동해(凍害)를 입을 수 있다. 따뜻하고 서늘한 곳에서 잘 자라고 토양이 완전히 말랐을 때 물을 주며, 봄부터 가을까지는 복합영양제를 한 달에 한 번 정도 준다.

과습하지 않아도 10℃ 이하 환경이나 햇빛이 없는 어두운 곳에 장기간 두면 잎 색이 옅어지고 두께가 얇아져 휘어 쓰러진다. 물을 너무 적게 주면 잎의 수분이 탈수되어 비틀어지며 말라 죽는다. 꺾꽂이가 잘되며 막대 형태의 스투키도 같은 종류에 속한다.

스투기(산세베리아 스카이라인)

10

디펜바키아 마리안느

학명 ***Dieffenbachia*** **x 'Marianne'**

천남성과 식물로 보통 마리안느로 불린다. 생육적온은 20~25℃, 최저온도는 13℃ 이상이며, 꽃꽂이 소재로 많이 사용되는 여러해살이풀이다. 수경(물꽂이), 토경(흙꽂이) 재배가 모두 가능하다. 생육이 왕성한 5~9월에는 반그늘에 두고 가을 이후에는 실내의 햇빛이 잘 드는 곳에 둔다.

8℃ 이하에서는 생장이 정지되고 저온 스트레스를 받을 수 있다. 생육기에는 물을 듬뿍 주고 가을 이후에는 표면 흙이 마르면 준다. 배수가 잘되는 흙이라면 아무 흙이라도 잘 자란다. 여름에는 약한 영양분(깻묵)을 주는 것도 도움이 된다.

실내 오염물질인 포름알데히드, 자일렌, 톨루엔 제거 능력이 뛰어나다. 꺾꽂이와 포기나누기로 번식하며, 번식용 흙으로는 모래가 좋다. 응애나 깍지벌레 등의 해충이 발생할 수 있다.

11

게발선인장

학명 *Schlumbergera truncata*

선인장과 식물로 생육적온은 17~22℃, 온도에 민감하며 습도가 높은 편이 좋다. 여러해살이풀이며 간접광에서 키우는 것이 좋다. 봄부터 가을까지는 직사광선을 피하고, 따뜻하고 서늘한 환경을 좋아하며 고온에서도 잘 견딘다. 물을 많이 주면 몸체가 썩을 수 있고 꽃이 피는 기간에는 규칙적으로 물을 주는 것이 중요하다.

포름알데히드와 전자파 제거에 뛰어나며, 야간 산소 발생량이 많아 뛰어난 공기정화식물로 알려져 있다. 꽃이 피는 시기가 크리스마스 시즌인 11~12월이어서 '크리스마스 캑터스'라 부르기도 한다.

꽃이 피어 있는 기간에는 약한 영양분(하이포넥스 1,000배액)을 2주에 한 번씩 주는 것이 꽃을 오래 볼 수 있는 좋은 방법이다. 꽃이 피었을 때 공기가 건조하면 꽃이 쉽게 마른다. 꺾꽂이로 번식한다.

12

클로로피툼, 접란

학명 *Chlorophytum comosum*

백합과의 상록다년생 다육식물로 생육적온은 13~24℃, 햇빛이 풍부한 환경을 좋아한다. 관리와 번식이 쉬운데 줄기에 달린 새끼포기에 수염뿌리가 많이 나와 있으므로 그대로 떼어 수경, 토경으로 키우면 잘 자란다.

새집에 이사했을 때 가구, 페인트, 벽지 등에서 나는 유해 물질의 냄새 제거에 탁월한 능력이 있다. 여름철 공중걸이용으로 창가에 두면 인테리어 효과와 공기정화, 실내 습도조절 기능이 뛰어나다.

뿌리는 유백색으로 난 뿌리처럼 생겼으며 수경으로 키우기에 적합하다. 고온 다습하면 응애, 깍지벌레, 개각충, 진딧물 등의 해충이 발생할 수 있다.

아글라오네마 지리홍

학명 *Aglaonema spp.*

천남성과 식물로 생육적온은 20~25℃, 최저온도는 10℃이다. 직사광선을 싫어하며 반양지, 반음지 가리지 않고 잘 자란다. 물은 화분 흙이 전체적으로 말랐을 때 충분히 주는 것이 좋고, 과습하면 뿌리가 썩을 수 있다.

음이온을 대량으로 방출하는 식물로 수경, 토경이 모두 가능하다. 햇빛이 잘 들지 않는 곳에 장기간 노출되면 본연의 붉은 잎 색이 옅어지며 잎자루가 가늘어지고, 잎 두께가 얇아져 생육이 불량해진다.

꺾꽂이나 포기나누기로 번식하며, 약하지만 독성이 있어 어린아이들과 반려동물이 섭취하지 않도록 주의한다.

14

안스리움

학명 *Anthurium andraeanum*

천남성과 식물로 생육적온은 21~25℃, 가을 이후 흙을 건조시키면 13~15℃에서 월동이 가능하다. 고온성 식물로 15℃ 이하의 저온에 오래 두면 스트레스를 받아 아래 잎이 누렇게 변색되며, 회복에 시간이 많이 걸리거나 어려울 수 있다.

포름알데히드, 자일렌, 암모니아 가스 제거 효과가 있어 공기정화식물로 널리 알려져 있다. 반착생 또는 착생식물로 자연 상태에서는 나무에 붙어서 자란다. 공기 중 수분흡수를 위해 공기뿌리(기근)가 발달해 있으므로 고온 다습한 조건을 유지해야 한다.

흙 표면이 말랐을 때 실내 온도와 같은 온도의 물을 주는 것이 좋다. 생장기인 5~9월에는 물을 자주 주고 잎에 직접 분무해주는 것도 좋다. 가을과 겨울에는 약간 건조하게 관리한다. 뿌리가 계속해서 젖어 있으면 뿌리가 썩을 수 있다.

깍지벌레, 개각충, 진딧물, 응애 등의 해충 발생에 주의해야 하며, 반 그늘진 곳이 좋다. 영양제는 한 달에 한 번 정도 준다.

15

아라우카리아

학명 *Araucaria heterophylla*

고온성 식물로 생육적온은 21~25℃, 월동온도는 12~15℃이다. 5℃ 이하의 저온에 오래 두면 스트레스를 받아 잎이 손상되고 점차 누렇게 변색된다. 직사광선을 피하고 반양지에서 키우는 것이 좋다. 직사광선에 오래 노출된 잎을 만지면 딱딱한 가시 같은 느낌이 나지만 반양지에서 키우면 잎을 만졌을 때 아주 부드럽다.

바늘잎을 단 가지가 층층이 수평으로 쌓이면서 자라며, 크리스마스트리로 많이 이용하는 아름다운 수형을 가진 침엽 상록수이다. 공기정화능력이 우수한 식물로 포름알데히드 제거에 효과적이다.

흙 표면이 말랐을 때 실내 온도와 같은 온도의 물을 주는 것이 좋다. 생장기인 봄~여름 사이에는 물을 자주 주고, 잎에 직접 분무해주는 것도 좋다. 가을과 겨울에는 약간 건조하게 관리한다. 수분이 부족하면 잎끝이 마르고 축 처지게 된다.

병충해에 강하나 너무 건조하면 깍지벌레, 개각충, 총채벌레 등이 발생할 수 있어 주의가 필요하다.

16

크로톤

학명 *Codiaeum variegatum* var. *pictum*

대극과의 상록관목으로 15℃ 이상의 온도에서 높은 광도와 습도, 잦은 강우에 잘 적응한다. 여름에 충분한 광선을 받고, 겨울철 20℃ 이상이면 잘 자란다. 고유의 잎 색을 유지하기 위해서는 높은 광도와 25℃ 이상의 고온, 높은 습도가 유지되어야 한다.

잎맥이 붉은색을 띠고 있어 초록색의 다른 관엽식물보다 잎이 훨씬 화려하고 예쁘다. 포름알데히드 제거 능력이 뛰어나고 실내 장식에 잘 어울린다. 공기 중 오염물질을 빠르게 흡수하는 장점이 있다. 잎이나 줄기에 상처가 나면 하얀 진액이 나온다. 눈이나 입에 넣지 말아야 하기에 반려동물 또는 어린아이들은 주의가 필요하다.

15℃ 이하의 온도에 장기간 있으면 아래 잎이 누렇게 되면서 낙엽 진다. 통풍이 잘 안 되면 웃자람 현상이 나타난다. 생장이 빠르므로 2년에 한 번 분갈이해준다. 여름에는 표면이 마르면 물을 주고, 가을부터 물을 줄여 겨울에는 건조하게 관리한다.

17

포인세티아

학명 *Euphorbia pulcherrima*

대극과의 열대성 관목으로 생육적온은 주간 24℃, 야간 18℃ 내외가 좋다. 야간 온도의 차이가 크면 줄기의 신장이 일어나며, 고온에 장기간 노출되면 개화가 늦어진다.

일장이 짧아지고 온도가 내려가면 포엽이 아름답게 착색되어 잎과 꽃을 보는 식물이다. 크리스마스 시즌 전후로 개화하는 특성 때문에 크리스마스 장식용으로 세계인의 사랑을 받고 있다. 상처 난 잎의 유액은 치명적인 독성은 없지만 경우에 따라 복통과 설사를 일으키게 되므로 피부가 민감한 가족이나 반려동물, 어린아이들은 세심한 주의가 필요하다.

2,000종 이상의 다양한 종류가 있는데 일년생 초본류, 다년생, 덩굴성, 낙엽성 목본류까지 다양하다. 단일 식물이며 주로 꺾꽂이로 번식하는데 다른 목본류와 달리 꺾꽂이할 때 묘의 부패가 많아 주의해야 한다.

토양은 통기성이 우수한 피트모스와 펄라이트를 혼합하여 사용하는 것이 좋다. 물은 잎이 젖지 않게 주는 것이 좋다. 다비성 작물이며 응애, 깍지벌레, 온실가루이 등의 해충이 발생할 수 있는데 농약은 잎 뒷면에 살포해야 한다.

18

아잘레아

학명 *Rododendron indica*

진달래과의 상록 또는 반상록 관목으로 생육적온은 주간 5~20℃, 야간 10~13℃ 정도이다. 우리가 흔히 알고 있는 철쭉이나 진달래의 영명으로, 온실 분화용인 상록성 철쭉을 말한다. 대만 철쭉 또는 서양 철쭉이라고도 불리며 벨기에에서 육종한 품종이 많다.

포름알데히드와 같은 휘발성 유해물질을 제거하는 공기정화 능력이 우수하다. 꺾꽂이 번식이 잘되고 생육도 빠르다. 균일하며 병충해에도 강하고 개화 기간도 길다.

추위에는 약하나 꽃이 화려하고 촉성과 억제가 잘되어 연중 생산이 가능하다. 정원 장식에 중요한 소재로 이용된다. 저온성 화초로 건조하면 꽃이 일찍 시들거나 마르고 잘 자라지 않는다. 수분을 좋아하므로 공기 중 습도가 높은 것을 좋아한다. 겨울철에 과습하면 잎이 갈변하여 죽는다. 산성토양에서 잘 자란다.

19

칼라테아 마코야나

학명 *Calathea makoyana*

마란타과 식물로 화살깃파초라는 이름으로 유통되고 있다. 열대성 음지식물로 생육적온은 18~30℃, 최저온도는 16℃이다. 직사광선에 장기간 노출되면 잎 색이 희미해지고, 빛을 너무 적게 받으면 새잎이 무늬가 없는 녹색을 띠게 된다.

물은 겉흙이 마르면 10일에 한 번 정도 주는 것이 좋으며, 햇빛을 받는 양에 따라 조절한다. 습도가 높은 것을 좋아하므로 주방이나 욕실에 두는 것도 좋다. 습도가 낮거나 물이 부족하면 잎 가장자리가 말리거나 갈변, 시들음 현상이 나타난다.

물을 많이 주었을 때는 잎이 누렇거나 검게 변하며, 곰팡이에 감염되면 잎에 반점이 생긴다. 공기정화 능력이 뛰어난 식물로 알려져 있다.

20

시클라멘

학명 *Cyclamen persicum*

앵초과의 다년생 알뿌리식물로 생육적온은 15~25℃, 최저온도는 5℃이다. 주야간 온도 차가 크지 않은 곳과 직사광선보다는 반양지 환경을 좋아한다. 저온과 건조한 환경에 강하며 흰색, 빨간색, 주황색, 자주색, 보라색, 연분홍, 노란색, 혼합색 등 겨울에 가장 많이 유통되는 꽃이다.

알뿌리에 물을 저장하는 시클라멘은 물을 많이 주면 과습 현상으로 줄기와 뿌리가 썩을 수 있으므로 배수가 잘되도록 심는다. 화분 흙 전체가 건조해져서 가벼워지면 충분히 물을 주어야 한다.

꽃피는 시기는 11월~3월이고 계속 꽃대를 차례로 올린다. 종자로 번식하거나 엄마알뿌리(모구) 옆에 붙은 어린알뿌리(자구)를 떼어 포기나누기를 한다. 여름철 강한 햇빛에는 약하다. 통풍이 좋지 않을 때는 응애가 발생할 수 있다.

21

구즈마니아

학명 *Guzmania* spp.

파인애플과 식물로 약 30여 종이 있으며 생육적온은 25~30℃, 밤에는 20℃, 겨울에는 10℃ 이상으로 유지해야 한다. 관상용 파인애플류를 통칭하여 아나나스라고 부른다.

꽃보다 화포(꽃을 싸고 있는 포엽)와 잎을 관상하는 대표적인 관엽식물로 매일 4시간 이상의 직사광선을 받아야 한다. 밝은 음지와 습도가 높은 것을 좋아하며 꽃은 개화 후 6개월 정도 볼 수 있다.

우리가 보는 아나나스류는 화분에 심겨 있지만 뿌리는 수분과 양분을 흡수하지 않고 부착 기능만 하기 때문에 엽통(잎과 잎이 겹쳐진 포기의 중심 부분 통 모양)에 물을 공급해 주어야 한다. 엽통에 빠지는 곤충이나 낙엽 등의 부패물을 영양분으로 이용하며, 추워지는 가을부터는 야간온도를 18℃ 이상으로 유지해야 한다.

22

튤립

학명 *Tulipa gesneriana*

백합과 알뿌리식물로 키우기 까다로운 식물로 유명하다.

가을에 심는 알뿌리식물의 특성상 가을에 구입하여 겨우내 저온처리를 거쳐야 늦은 겨울~초봄에 꽃이 피는데, 저온처리 온도(−2~9℃)를 일반 가정의 식집사들이 맞추기 어렵다.

가정에서 튤립 전용 냉장고를 구비하지 않고, 알뿌리를 다른 과일들과 함께 냉장고에 보관하는 경우 과일에서 나오는 에틸렌에 노출되면 꽃을 피우기 어렵다. 차라리 봄에 시중에 유통되는 튤립 화분을 구입해서 가족들과 함께 봄을 즐기시라고 권유하고 싶다.

23

팔레놉시스, 호접란

학명 ***Phaelenopsis* spp.**

난초과 식물로 생육적온은 21~25℃, 최저온도는 13℃ 이상으로 생장 속도가 느린 편이다. 꽃이 지고 난 뒤 잎만 있는 호접란은 일반 식집사들이 새로운 꽃을 피우기에는 물, 햇빛, 온도, 영양 등 적절한 환경 관리가 어려운 편이다. 햇빛은 중간 이상의 광도가 요구되며, 꽃이 피었을 때는 거실에 두는 것이 좋고, 꽃이 지고 난 후에는 베란다에서 키우는 것이 좋다.

호접란은 일반적으로 수태와 바크에 심겨 있으므로 3~10월 꽃이 있을 때는 직사광선을 피하고 주 1회 물을 충분히 주는 것이 좋다. 꽃이 지고 잎만 있을 때는 수태가 대부분 말랐을 때 충분히 물을 준다. 과습하면 곰팡이병이, 너무 건조하면 개각충이나 응애가 발생할 수 있다. 고온 다습한 계절에 엽통에 물을 주면 잎과 뿌리 부분이 물러져서 죽을 수 있다.

실내 공기 중 자일렌을 제거하는데 효과적이며, 선인장이나 다육식물처럼 낮에 햇빛을 받아 밤에 이산화탄소를 흡수하여 광합성을 하는 식물로 침실에 두기에 적합하다.

24

칼랑코에

학명 *Kalanchoe blossfeldiana*

돌나무과 다년생 다육식물로 생육 적온은 20~25℃, 최저온도는 7℃이며 시중에서 많이 유통되고 있다. 토양은 통기성이 좋고 배수가 잘 되어야 하며 보수력이 좋아야 한다. 햇빛을 좋아하므로 실내 창가 가까운 쪽에 두는 것이 좋다.

물은 전체적으로 화분의 흙이 말랐을 때 충분히 주는 것이 좋고 과습하면 뿌리가 썩을 수 있다. 물이 부족하면 뿌리 마름과 염해 축적 현상이 발생할 수 있다.

꺾꽂이로 번식하며 고온 다습하면 바이러스병, 노균병, 잿빛곰팡이병, 역병, 입고병 등이 발생할 수 있으며, 병증으로는 노란 점, 모자이크 무늬, 반점, 시듦 등이 생긴다. 치료 방법으로는 병든 부위를 제거하거나 친환경 농약을 사용한다.

25

몬스테라

학명 *Monstera deliciosa*

천남성과 식물로 습기가 많은 곳에서 잘 자란다. 생육적온은 20~30℃, 내한성이 강하여 5℃ 정도에서 월동이 가능하다.

실내 공기 오염원인 포름알데히드와 전자파 차단 능력이 뛰어나며 꽃장식용으로 주로 사용된다. 공기뿌리가 많으면 지저분할 수 있으므로 잘라내거나 흙 속으로 잘 유인하여 키우는 것이 좋다.

반음지를 좋아하며, 햇빛이 약한 곳에서는 잎 색이 연하고 하얗게 되므로 주의한다. 갑자기 강한 직사광선에 노출되면 까맣게 타기도 한다. 과습에 의한 뿌리 썩음에 주의하고, 겨울철에는 건조하게 관리하는 것이 좋다. 포기나누기나 꺾꽂이로 번식한다.

26

수박페페로미아

학명 *Peperomia argyreia*

후추과 상록성 다년생 식물로 생육 적온은 20~30℃, 최저온도는 10℃이다. 직사광선을 싫어하며 반양지나 반음지를 가리지 않고 잘 자라기에 초보 식집사들도 관리하기 쉬운 식물이다. 수박 껍질을 닮아 수박페페로미아로 불린다.

배수가 잘되는 비옥한 토양에서 잘 자라며, 산성과 중성토양을 좋아하고, 반음지 환경에서 자라면 잎이 더 밝고 예쁘다. 여름에는 직사광선을 피하고. 겨울에는 햇빛이 잘 드는 따뜻한 곳이 좋다. 직사광선에 장기간 노출되면 생육 저하 및 잎이 노랗거나 갈색으로 변하기 시작하여 말라 죽을 수 있다.

물은 화분 흙이 전체적으로 말랐을 때 충분히 주는 것이 좋다. 포기나누기나 꺾꽂이로 번식하며, 약하지만 독성이 있으므로 어린아이들과 반려동물이 섭취하지 않도록 주의한다. 고온 다습한 환경에서는 곰팡이 및 세균성 질병이 발생하여 검은 반점이 나타나기도 한다.

27

제라늄

학명 ***Pelargonium x hortorum***

쥐손이풀과 다년생 여러해살이식물로 생육적온은 15~20℃, -2~3℃까지는 냉해를 입지 않는다.

수용성 향유로 쓰임새가 광범위하고 모기퇴치용 크림 등 약용으로도 사용되고 있다. 잎에서 나는 강한 향 때문에 거실이나 침실에 두는 것은 피해야 한다. 다양하고 화려한 꽃색과 꽃의 관상기간이 길어 창가, 화단, 베란다, 벽면 장식, 분화, 공중걸이 등 다양하게 사용되고 있다. 외국 건물의 창가에 두는 화분은 거의 제라늄이다.

양토나 사질양토로서 비옥한 땅이 좋고, 산성토양에서도 잘 자란다. 배수가 잘되는 흙이 좋으며, 통풍이 잘되게 하고 건조한 상태를 유지해 준다. 물은 겉흙이 젖을 정도로 조금씩 자주 주는 것이 좋다. 강한 햇빛이나 건조한 환경에서도 잘 견디며, 주로 질석이나 모래흙에 꺾꽂이로 번식한다.

28

아글라오네마 스노우사파이어

학명 *Aglaonema* spp.

천남성과 관엽식물로 화려한 잎 무늬를 가지고 있다. 생육적온은 20~25℃, 최저온도는 10℃ 이상이다. 고온 다습한 환경을 좋아하는 반음지 식물이다.

햇빛이 부족한 환경에서도 잘 자라지만 어두운 환경에 장기간 노출되면 성장이 어렵고 잎 무늬가 옅어질 수 있다. 반면에 햇빛을 너무 많이 받으면 잎이 누렇게 변할 수 있고, 직사광선을 장기간 받으면 잎이 뒤틀리며 타는 현상이 나타난다. 환경에 한 달 이상 적응되면 건조와 저온에도 잘 견딘다.

3~10월까지는 겉흙이 마르면 주 1회 물을 준다. 실내환경 유해물질인 포름알데히드를 제거하는 공기정화 능력이 우수하다. 통풍이 좋지 않으면 응애, 깍지벌레, 개각충, 진딧물 등의 해충이 발생할 수 있다. 식물체에 옥살산칼슘이 함유되어 있으므로 어린아이들과 반려동물이 섭취하지 않도록 주의한다.

29

매리골드

학명 *Tagetes* spp.

국화과 봄뿌림 한해살이식물이다. 싹트기 적온은 15~20℃로서 낮에는 25℃ 이상이 되지 않도록 한다. 햇빛이 잘 드는 양지바른 곳이 좋으며 생육적온은 15~25℃, 내한성이 약하여 서리를 맞으면 죽는다.

아프리칸매리골드

꽃은 식용이 가능하며 진딧물의 천적 식물이다. 공공원예의 주 소재로 쓰이며, 도심지의 도로변, 학교, 공공기관 장식에 가장 많이 사용되고 있다. 겹꽃과 홑꽃으로 나뉘며 기름샘에서 독특한 향이 난다. 꽃차 등 각종 음식의 장식 재료로 사용되며, 약용성분인 루테인이 많이 함유되어 눈 건강에 좋은 재료로 널리 알려져 있다.

프렌치매리골드

물은 적게 꽃에 닿지 않도록 주어야 꽃을 오래 볼 수 있다. 약간 건조한 상태를 좋아하므로 배수가 잘되게 하고, 굵은 모래나 펄라이트의 양을 많이 하면 좋다. 응애가 발생하면 잎 뒷면을 흡즙하여 흰 반점이 나타나므로 화단을 높게 하여 배수가 잘되면 예방이 가능하다.

30

알로카시아 아마조니카

학명 *Alocasia x amazonica*

거북이의 등껍질을 닮은 커다란 잎을 가진 관엽식물로 생육적온은 21~25℃, 최저온도는 13~15℃이다. 반양지, 반음지를 가리지 않는 식물로 온난한 환경과 간접광이 드는 밝은 창가의 실내에서 잘 자란다.

알로카시아 롱기오바(*Alocasia longioba*)와 알로카시아 산데리아나(*Alocasia sanderiana*)의 교배종이다. 독특한 형태의 잎은 실내 인테리어나 꽂장식용으로 이용된다.

추위와 과습에 스트레스를 받는다. 물은 겉흙이 마르면 주 1회 정도 주는 것이 좋으며, 물을 많이 주면 줄기가 물러진다. 식물체의 모든 부위에 독성이 있으므로 반려동물과 어린아이들이 먹지 않도록 주의가 필요하다. 응애, 깍지벌레 등의 해충이 발생할 수 있다.

31

레몬밤

학명 *Melissa officinalis*

꿀풀과 다년생 식물로 생육적온은 15~20℃이다. 햇빛을 좋아하고 내한성이 강하나 과습에는 취약하다. 요리의 맛과 장식용으로도 이용되며 조리 시 온도가 60℃ 이상이면 향기가 없어지고 잎이 변색된다.

차로 섭취하면 뇌의 활동을 높이고 기억력을 증진해 준다. 우울증이나 신경성 두통 완화, 노화 예방을 위한 식전·식후 음료로 많이 음용한다. 향유로도 사용되며 약효로는 진정, 소화, 발한, 해열 작용 등이 있다. 생식으로 많이 이용하고, 저장용은 줄기와 아래쪽 잎을 그늘에서 말린 후 사용한다.

여름철에 일교차가 크면 잎이 타게 되므로 반음지에서 물을 충분히 준다. 건조하면 병이 생기기 쉽다. 생육이 왕성한 4~6월에는 한 달에 두 번 정도 약한 영양분을 준다. 고온 다습한 환경에서는 응애의 피해를 받을 수 있다.

32

호야

학명 *Hoya carnosa*

박주가리과 다육식물로 생육적온은 21~25℃, 최저온도는 13℃ 이상이다. 보통의 햇빛 조건에서 잘 자라므로 실내 어느 곳에 두어도 잘 어울린다.

공중걸이, 지피식물, 기둥에 감아올리거나 벽면 녹화용 등 다양한 형태로 유통된다. 관리가 편한 식물 중 하나이며, 소품 화분 장식용으로도 많이 이용된다.

물주기는 화분 크기에 따라 3~10월까지는 흙 표면이 말랐을 때 주 1회 저면관수(화분 밑에서부터 물이 스며드는 방법)하는 것이 좋고, 겨울에는 화분 흙이 대부분 말랐을 때 충분히 주는 것이 좋다. 꺾꽂이로 번식하며 고온 다습하면 응애나 깍지벌레 등의 해충이 발생할 수 있다.

33

스파티필룸

학명 ***Spathiphyllum* spp.**

천남성과 다년생 다육식물로 생육적온은 12~30℃, 5℃ 이상이면 월동이 가능하다. 실내에서 잘 자라며 실내 공간의 빛이 모자라면 잎이 작아지고 줄기가 가늘어진다. 넓은 잎과 하얀 꽃처럼 보이는 불염포가 잘 어울린다.

공중걸이용, 지피식물, 벽면녹화용, 수경, 토경 등 어떤 환경에서도 잘 자란다.

공기정화 능력이 매우 뛰어난 식물로 아세톤, 벤젠, 암모니아, 자일렌, 포름알데히드 등 기체성 환경오염물질을 제거하는 능력이 뛰어나다.

반그늘이 좋고 직사광선은 피하는 것이 좋다. 다습하거나 음지에 오래 노출되면 주로 잎과 잎자루에서 갈색의 부정형 반점이 잎끝에서 시작하여 심하면 전체가 말라버리는 잿빛곰팡이병이 발생할 수 있다. 수경이나 토경에서 재배가 가능하며 실내 습도조절 능력이 뛰어나다. 봄과 가을에 2주에 한 번 정도 약한 영양분을 주는 것이 좋다.

34

국화

학명 *Chrysanthemum morifolium*

저온에 잘 견디는 국화과 다년생 식물이다. 낮의 길이가 10일 이상 12시간 이하로 짧아야 꽃눈이 나오고, 20일 이상이면 꽃이 피는 단일식물로 생육적온은 15~20℃이다. 겨울철에는 잎과 줄기, 땅속의 수염뿌리가 대부분 죽으나 흙 표면의 눈은 -10℃에서도 죽지 않고 견디어 봄에 새싹을 틔운다. 꽃이 생기기 위해서는 18℃ 정도의 온도가 유지되어야 한다.

배수가 잘되는 토양을 쓰고 건조하지 않도록 물을 준다. 화분에 뿌리가 완전히 내리기 전에는 물을 자주 주어야 하고, 활착이 끝난 뒤에는 토양 표면을 건조하게 해야 백수병을 예방할 수 있다.

물을 많이 주거나 부족하면 아래 잎이 죽고, 꽃눈분화 시기에 물을 많이 주면 꽃눈이 늦게 만들어지므로 물주는 양 조절이 필요하다. 번식은 동지아묘(월동하는 눈)를 많이 이용하고, 밀식하거나 습도가 높을 때 잎 뒷면에 흰 둥근 반점이 생기는 곰팡이성 백수병, 신초에서 많이 생기는 진딧물 발생에 신경 써야 한다. 음식이나 차, 약용으로 식물체 전체가 사용된다.

35

로즈마리

학명 *Rosmarinus officinalis*

꿀풀과의 상록성 여러해살이식물(자생지에서 2m까지 자람)이다. 대표적인 허브식물로 생육적온은 15~25℃ 전후가 적당하며, 실내 월동은 10℃ 정도를 유지하면 좋다. 비교적 건조한 상태를 좋아하므로 물은 소량으로 주고, 남쪽 지방의 따뜻한 양지에서는 노지 월동도 가능하다. 다습한 상태로 오래 두면 뿌리가 스트레스를 받아 썩는다.

정유를 함유하므로 공기정화 기능 외에도 살균, 항균 작용과 면역성을 높여주는 효과가 있다. 따뜻한 차로 음용하였을 때 강력한 방부 작용과 대뇌를 자극하여 두통 및 편두통을 완화한다.

강한 햇빛을 좋아하지만 직사광선에 장시간 노출되면 잎이 타서 죽는다. 장기간 음지에 있으면 웃자람 현상으로 잎과 줄기가 가늘어지며, 절간이 길어지면서 새로 난 잎부터 죽기 시작해서 아래쪽도 점차 말라 죽는다. 통풍과 환기가 잘되는 곳이 좋다. 종자나 꺾꽂이로 번식한다.

36

스킨답서스

학명 *Epipremnum aureum*

천남성과 관엽식물로 생육적온은 15~25℃, 월동온도는 8~10℃이다. 얼지 않게만 관리하면 잘 자란다. 반음지 실내에서 환경 적응력이 강하고 공중걸이, 지피식물, 벽면녹화, 기둥 장식용으로 많이 이용되며 초보 식집사들에게 알맞은 식물이다.

수경, 토경 재배가 가능하고 실내 습도조절 능력 또한 뛰어나다. 직사광선을 피해 실내의 밝은 곳에 두면 잘 자란다. 실내 공기오염의 대표적인 물질인 포름알데히드와 담배 연기를 제거하는 능력이 좋고, 가격이 저렴하면서 생장력이 매우 강해 번식도 잘 된다.

빛이 적으면 잎 색이 초록으로 변하고 다시 빛을 주어도 회복되지 않는다. 여름에는 고온 다습하게, 겨울에는 충분한 햇빛을 받게 하면서 약간 건조하게 관리한다.

37

피튜니아

학명 *Petunia x hybrida*

가지과 다년생 식물로 우리나라에서는 봄뿌림 한해살이풀로 알려져 있다. 생육적온은 20~25℃, 10℃ 이하에서는 생육이 저하되어 꽃이 잘 피지 않는다. 공중걸이 또는 공공원예, 창가 장식식물로서 제라늄과 함께 가장 많이 이용되는 초본 식물이다.

꽃잎이 홑겹, 겹꽃으로 다양한 색상이 연구되어 유통되고 있다. 특히 겹꽃은 우리나라의 세계적인 육종학자 우장춘 박사님께서 개발하였다. 맛이 부드럽고 색상이 다양하여 음식의 재료로 많이 쓰이고, 사계절 내내 꽃을 피우는 것이 특징이다. 꽃의 지름이 13㎝나 되는 큰 꽃과 5㎝ 내외의 작은 꽃 등 크기 또한 다양하여 어느 용도에나 잘 어울린다.

장일식물로 낮의 길이가 긴 봄에 꽃이 많이 핀다. 물빠짐이 좋고 과습하지 않은 흙에서 잘 자란다. 종자나 어린 묘, 개화된 화분으로 구입하여 번식시킨다.

38

유칼립투스

학명 ***Eucalyptus globulus***

도금양과의 다년생 허브식물로 줄기는 청회색, 잎은 회녹색을 띤 흰 가루로 덮여 있다. 잎에서 청량감 있는 향기가 나므로 원예 재료로 인기가 높다. 생장이 빠른 속성수로 오일이나 가구용 목재 등 식물체 전체를 이용한다.

열대 기후에서 잘 자라는 식물로 통풍이 잘 되고 직사광선의 많은 일조량을 요구하며 저온에서도 잘 견딘다. 과습에 취약하고, 내한성이 약한 대부분의 품종은 실내에서 키우는 것이 좋다.

레그난스 품종은 세계에서 가장 큰 속씨식물로 최대 132m까지 자랐다는 기록이 있다. 코알라의 주식으로 유명한 유칼립투스는 주요 원산지인 오스트레일리아의 환경오염으로 인한 기상이변(산불)으로 멸종위기에 직면해 있다. 분갈이를 하면 스트레스를 많이 받는 식물 중 하나이다.

39

떡갈잎고무나무

학명 ***Ficus lyrata***

뽕나무과 식물로 생육적온은 16~20℃, 최저 온도는 13℃ 이상이면 잘 자란다. 생장 속도는 보통이고 관리는 다른 식물에 비해 쉬운 편이다. 거실 창 측이나 베란다에서 키우는 것이 좋으며 여름에는 차광해주어야 한다. 여름철 너무 강한 햇빛에 짧은 시간이라도 노출되면 잎이 타고, 원래의 잎 색으로 회복되지 않는다.

봄에서 가을까지는 겉흙이 말랐을 때 충분히 물을 주고, 겨울에는 전체 흙이 대부분 말랐을 때 물을 주는 것이 좋다. 양질토, 모래흙이 좋으며 잎이 크고 무거워 물 부족으로 잎자루가 한 번 처지면 회복에 시간이 걸리거나 불가능하다.

꺾꽂이로 번식한다. 응애, 깍지벌레 등의 피해를 입을 수 있으며 겨울철 실내에 들일 때는 병충해를 입은 부분이 없는지 잘 살핀다.

40

해피트리, 행복나무

학명 ***Heteropanax fragrans***

두릅나무과 식물로 생육적온은 21~25℃, 최저온도는 13℃ 이상이다. 나무가 굵고 잎이 자라면서 아래로 처져 우산 형태로 변해가므로 인테리어 용도로 많은 사랑을 받고 있다. 초보 식집사들이 녹보수와 구분하기 어려워하는데 자라는 모습과 햇빛, 물을 좋아하는 정도가 완전히 다르다.

행복나무를 기르기 어려운 식물로 생각하기 쉬운데 물주기만 주의하면 관리가 쉽다. 행복나무가 죽는 대부분의 원인은 물을 많이 주었기 때문인데, 물을 많이 주면 갑자기 새순을 많이 내다가 3~6개월 후 며칠 사이에 갑자기 잎이 모두 처져 원줄기만 남고 죽어버리는 특징이 있다.

직사광선이 들지 않는 거실에 두고 기르는 것이 좋으며, 화분 흙이 대부분 말랐을 때 위 흙이 젖을 정도의 물을 주면 잘 자란다. 병충해로는 고온 다습할 때 응애, 깍지벌레가 발생할 수 있고 새잎에 진딧물, 흰가루병이 생길 수 있다. 음지에 장기간 두면 스트레스를 받아 줄기 사이가 길어지고 잎색이 옅어진다.

41

드라세나콤팩타

학명 *Chrysalidocarpus lutescens*

백합과 식물로 실내 어떤 환경에서도 키우기 쉬운 식물이다. 생육적온은 16~20℃, 최저온도 13℃ 이상이면 잘 자란다.

포름알데히드, 벤젠, 톨루엔 등의 제거 능력이 뛰어나 공기정화 식물로 인기가 높다. 봄부터 가을까지는 주1회 정도 물을 주어 촉촉하게 유지하고, 겨울에는 화분 흙이 대부분 말랐을 때 충분히 물을 주는 것이 좋다.

꺾꽂이로 번식하고 응애, 깍지벌레, 거미진드기, 분질벌레, 삽주벌레 등의 해충 관리가 필요하다. 음지에서 자랄 때 과습하면 잎이 가늘어지고 아래 잎이 마르며 잎 광택이 없어지고 거칠어진다. 부엽토 함량이 높은 토양이 좋고, 4~9월 사이에는 월 1회 정도 영양제를 주는 것도 성장에 도움을 준다.

42

극락조화

학명 *Strelitzia reginae*

파초과로 생육적온은 15~25℃ 정도가 좋다. 노지 월동은 불가하고, 겨울에도 10℃ 이상이 적정하다. 배수가 잘되는 양질의 토양에서 잘 자라며, 바닷가 정원에서도 소금기가 있는 바람을 잘 견딘다.

극락조화라 불리는 식물은 모두 5종류로 극락조화, 흰 극락조화, 사막 극락조화, 큰 극락조화, 좁은잎 극락조화이다. 시중에서는 대부분 잎이 넓은 여인초와 잎이 좁고 긴 극락조화가 유통되고 있다. 건조에 강하며 고온에서는 환기하고, 배수가 좋은 토양을 사용해야 한다. 여름철에는 비교적 물을 많이 주고 겨울철에는 물을 적게 주어 약간 마르도록 한다. 번식은 종자 파종 및 포기나누기로 가능하며 발아적온은 30℃, 파종 후 5년이면 개화한다. 미국, 유럽 등 화훼 선진국에서는 꽃꽂이를 만드는 주재료로 흔히 이용하는데, 우리나라에서는 주로 온실에서 관엽 또는 분화용으로 재배되며 간혹 고급 절화용으로 쓰이기도 한다.

어떤 환경에나 잘 적응하여 자란다. 특히 건조에 강한 식물이기 때문에 겨울, 봄 건조한 환경에서도 잘 견딘다. 햇빛을 좋아하기에 실내에서 키울 경우 해가 잘 비치는 창가에 둔다. 강한 직사광선을 피한 밝은 양지가 좋다. 생육기간인 5~9월에는 충분한 일조량을 유지해야 한다.

여인초

학명 *Strelitzia reginae*

파초과 식물로 생육적온은 21~23℃, 최저온도는 13~15℃이다. 성장 속도가 빠르고 습도가 높고 따뜻한 곳에서 잘 자라는 반양지 식물이다. 봄부터 가을까지는 화분 크기에 따라 주 1~2회 겉흙이 마른 후 흙 전체가 젖도록 물을 충분히 주면 잘 자란다. 수분이 부족하면 잎끝이 마르고 갈라지는 현상이 나타난다.

직사광선을 장기간 받으면 잎끝이 타고, 햇빛이 부족하면 줄기의 두께가 얇아지고 잎 색이 옅어지며 웃자람 현상이 나타난다. 겨울에는 성장 속도가 느려지므로 물주는 횟수도 2주에 1회 정도로 줄인다.

화분 흙에 적응이 된 다음에는 약한 물 마름과 추위도 견딜 수 있어 관리가 편한 식물에 속한다. 촉촉한 습도를 좋아하지만, 습도는 높은데 통풍이 잘 안되면 줄기 무름 현상이 나타날 수 있다. 극락조화는 새 모양의 꽃이 피지만, 여인초는 간혹 흰색 꽃이 핀다.

44

황금죽

학명 *Dracaena sanderiana*

백합과 잎보기식물로 생육온도는 16~20℃, 최저온도는 13℃ 이상이다. 중간 이상의 높은 광도가 요구되어 거실이나 베란다에 두는 것이 좋으며, 토양 표면이 말랐을 때 물을 충분히 주는 것이 좋다.

신축건물 등에서 발생하는 실내 환경오염 물질인 포름알데히드, 벤젠, 톨루엔, 자일렌, 트리클로로에틸렌 등 휘발성 오염물질 제거 능력이 우수하여 실내에서 기르거나 개업선물로 많이 선택한다.

꺾꽂이로 번식하며, 고온 다습하면 엽통의 어린잎에서 응애나 깍지벌레, 개각충, 총채벌레 등의 해충이 발생할 수 있다. 공중습도는 40~70%가 적당하다. 배수가 잘되는 토양에 심고 영양 요구도는 보통으로 관리한다.

45

녹보수

학명 *Radermachera sinica*

두릅나무과 상록관목으로 생육적온은 18℃~25℃, 겨울철에는 10~15℃를 유지해야 한다. 5℃ 이하에서는 동해(凍害)를 입을 수 있고, 10℃ 이하에서는 생장이 정지된다. 봄, 여름, 가을에는 토양 표면이 말랐을 때 충분히 물을 주고, 겨울에는 화분 흙 대부분이 말랐을 때 물을 준다.

이산화탄소 제거 능력과 공기정화 능력, 음이온 발생이 탁월하여 새집증후군에 효과적이다. 관리가 까다롭지 않으면서 습도 유지 효과도 좋아 어떤 장소에나 어울리는 식물로, 겨울에는 물을 줄이고 햇빛을 충분히 받게 하는 것이 좋다. 실내에서는 자주 환기를 시켜주고, 에어컨 등 차가운 바람이 직접 식물체에 닿지 않도록 유의해야 한다.

직사광선을 피해서 해가 잘 들고 통풍이 잘 되는 곳에 두는 것이 좋다. 해충으로는 깍지벌레, 진딧물(신초-녹색 진딧물, 성초-검은 진딧물)이 발생할 수 있다. 병이 발생하면 빨리 다른 식물과 분리시키고, 바람이 잘 드는 반음지로 이동하여 친환경 약제 처리를 해야 한다. 2~3일 후 진딧물이 남아 있으면 한 번 더 약제를 처리한다.

46

아프리칸바이올렛

학명 *Saintpaulia ionantha*

제스나리아과 여러해살이식물로 다양한 색의 꽃이 연중 피어 실내에 화려한 분위기를 연출할 수 있다. 생육적온은 20~25℃, 최저온도가 10℃ 이하가 되면 꽃을 피우기 어려워진다. 실내환경에서 잘 살고, 화분에서 기르기에 매우 적합하다.

직사광선에 매우 약해 한여름에 몇 시간만 쬐어도 싱싱하던 잎이 누렇게 변하고 가장자리가 갈색으로 변하기도 한다. 여름에는 약간 그늘진 장소에서 키워야 하지만 겨울철에는 충분한 빛을 받들 수 있는 장소에 두어야 한다. 건조해지면 생장이 느리거나 잎이 변형되므로 최소한 65~75%의 습도를 유지해 주어야 한다.

토양이 항상 습한 상태에서는 잘 자라나지 못하므로 7~10일에 한 번 정도 물을 준다. 물은 잎에 닿지 않도록 주어야 하는데 물이 닿으면 잎에 얼룩이 생긴다. 지나친 저온이나 고온에 노출된 경우에는 황색반점의 증상이 나타나고, 화분에 물기가 지나치게 많거나 환기가 잘 되지 않는 경우에는 잎자루가 썩게 된다.

47

자미오쿨카스, 금전수

학명 *Zamioculcas zamiifolia*

천남성과 식물로 흔히 돈나무로 불리며 시중에 유통되는 명칭은 "금전수"이다. 생육온도는 16~20℃, 최저온도는 13℃ 이상이며 비교적 집에서 기르기 쉬운 식물이지만 해가 들지 않는 음지에 오래 두면 줄기 사이가 길어지고 웃자람 현상으로 쓰러지게 된다.

수분이 많은 알뿌리를 가지고 있어 과습한 상태에서 저온 상태가 지속되면 땅속의 알뿌리가 썩어 죽게 된다. 그늘진 곳에서도 잘 견디지만, 실내의 밝은 간접광이 더 좋다. 광 요구도는 중간 정도이며, 거실이나 베란다 가까운 밝은 곳에서 키우는 것이 좋다. 생장 속도는 느린 편이다.

봄, 여름, 가을에는 토양 표면이 말랐을 때 잎에 닿지 않게 조금씩 물을 주고, 겨울에는 화분 흙이 대부분 말랐을 때 월 1회 정도 소량 물을 준다. 공중습도가 높거나 음지에 오래 있으면 응애, 깍지벌레 등의 해충이 발생하니 주의해야 한다. 봄에 꺾꽂이 또는 포기나누기로 번식한다.

48

드라세나맛상게아나

학명 ***Dracena fragrans*** **cv. Massangeana**

백합과 식물로 생육적온은 16~20℃, 최저온도 13℃ 이상이면 어떤 환경에서도 잘 자란다. 잎이 크고 시원한 느낌을 주기 때문에 실내 관상에 좋고, 답답함을 없애 주는 효과로 공간을 시원하게 연출할 수 있다

물은 겨울 외에는 일반적인 식물과 같이 주 1회 겉흙이 말랐을 때 조금씩 자주 주는 것이 좋고, 겨울에는 화분 흙 전체가 말랐을 때 충분히 주면 잘 자라는 관리가 아주 쉬운 식물이다.

응애나 깍지벌레 등의 해충이 발생할 수 있으며, 여름철 고온 다습하거나 통풍이 잘 안되는 환경에서는 흰가루병이 생길 수 있으므로 주의가 필요하다. 꺾꽂이로 번식한다.

49

파키라

학명 *Pachira aquatica*

물밤나무과 식물로 공기정화 능력이 뛰어나 이산화탄소와 미세먼지 제거에 효과적이다. 생육 적온은 21~25℃, 겨울 최저온도는 13℃ 이상이다. 실내 인테리어 식물로 가드닝 연출에 많이 이용하며 자생지인 멕시코에서는 교목성으로 자라지만, 우리나라에서는 화분에 심어 잎을 관상하는 관엽식물로 이용하고 있다. 원산지인 남미에서는 잎과 꽃을 채소처럼 식용하기도 한다.

겨울에는 햇빛이 잘 드는 거실이나 베란다 안쪽에 두는 것이 좋다. 배수와 통풍이 잘되며 건조하게 키우는 것이 좋고, 과습하면 잎이 떨어지고 몸통 자체가 물렁물렁해지며 죽게 된다. 빛이 너무 적으면 잎자루가 길어지고 잎 색이 연녹색으로 열어지며 잎이 처져 죽게 된다.

봄~가을까지는 토양 흙 대부분이 말랐을 때 물을 주고, 겨울에는 화분 흙 대부분이 말랐을 때 한 달에 한 번 정도 빙 둘러 가며 위 흙만 살짝 물을 준다. 종자 파종과 꺾꽂이로 번식한다.

50

벵갈고무나무

학명 *Ficus benghalensis*

뽕나무과 상록성 관엽식물로 잎이 넓고 크다. 생육 적온은 21~25℃, 최저온도는 13℃ 이상이다. 충분한 광합성을 위해 햇빛이 잘 드는 거실 창가 쪽에 두고 키우는 것이 좋다.

햇빛을 많이 받을수록 특유의 노랑, 연두색을 띤 예쁜 형광색의 윤기 있는 새잎이 나오며 잎 색이 유지된다. 간접광보다는 직접광을 받는 것이 좋지만 강한 빛을 너무 오래 받거나 빛 부족, 과습, 물말림 등의 스트레스를 받으면 잎이 갈변하면서 떨어진다. 햇빛이 부족한 상태에서 겨울을 나면 잎 색이 탁해지고 짙은 녹색으로 변한다.

화분의 크기나 환기, 햇빛 받는 정도에 따라 조금씩 다르지만 대체로 봄부터 여름 동안에는 겉흙이 말랐을 때 물을 흠뻑 주는 것이 좋다. 봄과 여름에는 새로운 흙으로 분갈이를 해 주면 좋고, 이때 영양분을 함께 주면 더욱 튼튼하게 자란다. 꺾꽂이로 번식하며 수경, 토경 모두 가능하다. 응애나 깍지벌레 같은 해충 피해를 입을 수 있으므로 주의한다.

02

식물, 무엇이든 물어보세요

1. 식집사들의 궁금한 이야기

1) 분갈이(화분갈이)는 언제 해야 할까요?

- 화분 안이 꽉 차서 화분 위 또는 아래 물구멍으로 뿌리가 나오는 경우
- 식물의 아래 잎이 누렇게 시드는 현상이 나타나는 경우 : 뿌리가 상해서 나타나는 현상일 수 있으므로 응급으로 분갈이가 필요하다.
- 분갈이에 알맞은 계절로는 새로운 생장이 시작되는 봄이 가장 좋으며, 늦가을이나 겨울에는 기온이 급격히 낮아져 뿌리 활착에 나쁜 영향을 줄 수 있으므로 응급 상황이 아니면 분갈이하지 않는다.
- 물을 준 후 화분 흙이 너무 빨리 마른다면 식물에 비해 흙의 양이 적은 것일 수 있으므로 뿌리를 위한 공간이 충분한지 확인하고 부족할 경우 분갈이한다.

분갈이가 필요한 화분

2) 분갈이할 때 주의 사항이 있나요?

- 분갈이한 후 화분에 흙을 채울 때 너무 꽉 누르지 말 것(화분 내 공기층이 있어야 함)
- 뿌리가 지지 될 수 있도록 흙을 잘 다져주는 것도 중요하지만 너무 많이 다지면 배수 불량으로 오히려 식물에 스트레스를 줄 수 있다.
- 화분 흙의 양은 화분 높이의 아래 1/5 지점에는 배수층과 공기순환층이 확보되어야 하고, 3/5 정도까지는 식물에 알맞은 배양토로 채운 뒤 위쪽의 1/5 마무리 공간은 물을 주었을 때 흙이 튀지 않고 물이 넘치는 것을 방지하기 위해 마사토 또는 공기 유입을 막지 않는 종류의 화산석이나 이끼 또는 지피식물을 이용하여 마무리한다.

분갈이 실전 TIP

- 바닥 배수 구멍에 그물망을 깔고 굵은 마사토나 바크 등으로 배수층을 만든다.
- 식물에 알맞는 배양토를 1/5 정도 채운다.
- 새로운 식물의 포트 주변 전체를 마사지한 후 식물을 꺼내어 화분 중앙에 옮겨 놓는다.
- 식물 주변의 빈 공간에 배양토를 촘촘히 채운다.
- 이끼나 마사토로 표면을 덮고 원하는 장식을 한 다음 반음지에서 일주일 정도 적응 기간을 갖는다.
- 실내의 원하는 곳에 배치하고, 한 달 정도 물주기와 식물이 잘 맞는지 관찰하는 것이 필요하다.

2. 수경재배 식물과 토경재배 식물의 차이점

1) 수경재배

- 식물의 생육 시기에 맞추어 물 관리가 편하다.
- 가정의 실내 습도를 조절할 수 있다.
- 그러나 적절한 액체비료 첨가와 빛이 많이 드는 환경에서는 물이끼가 생기지 않도록 청결에 신경 써야 한다.

2) 토경재배

- 수경재배보다 토양 속 미생물의 분해 작용으로 인해 공기정화를 많이 할 수 있다.
- 그러나 식물의 생육 특성에 따라 물 관리가 달라 초보 식집사들은 어려움을 호소하기도 한다.

3. 건강한 식물 고르기

- 육안으로 보이는 병충해(흰가루병, 진딧물, 깍지벌레 등)가 없는지 잎의 앞뒷면을 잘 살펴본다.
- 식물의 모양이 균형 잡혀 있는지, 잎의 크기가 균일한지 살펴본다. 잎에서 윤기가 나고 뒤틀리지 않으며, 건조하지 않고 잎의 끝부분이 싱싱하고 새로 난 잎에 힘이 있는 식물이 건강한 식물이다.
- 줄기가 굵고 곧으며 튼튼하고 상처 난 잎이나 병든 잎이 없는지, 흙 속에 뿌리를 잘 내려 흔들림이 없는지 등을 살펴본다.
- 꽃이 피는 식물을 선택할 때는 꽃봉오리가 튼튼히 달리고 20% 이상 개화가 된 상태가 좋다.
- 꽃봉오리만 있는 경우 집안 광 환경에 따라 꽃이 피지 않고 봉오리가 떨어져 버리는 경우가 있고 정상적인 개화를 못할 수도 있다.

4. 식물이 아파요!! 올바른 식물관리법

1) 꽃에 나타나는 증상 및 치료법

꽃이 빨리 시들어요

수분과 빛 부족, 온도가 너무 높을 때 나타나는 현상으로 물을 규칙적으로 주며, 물의 양과 횟수를 늘리고 분무 등의 방법으로 습도를 높인다. 밝은 곳으로 옮겨 빛의 양을 늘려주되 급격한 환경변화는 더 큰 스트레스를 줄 수 있기에 서서히 늘려가야 한다.

꽃이 피지 않아요

빛 부족, 영양 과다, 저온기(휴면기)가 필요한 경우, 화분에 뿌리가 꽉 차서 분갈이 시기가 지나면 개화 촉진을 할 수 없다.

2) 잎에 나타나는 증상 및 치료법

잎 색이 바래는 등 엽록소 부족 현상

빛이 과하거나 부족할 때, 충해 또는 영양 결핍, 잎 표면의 먼지 등이 주원인이다. 반음지나 밝은 곳으로 옮긴 다음 영양분을 주고 충해에 맞는 처치 후 잎 샤워를 시켜 잎 표면의 기공을 덮은 먼지를 제거해 준다.

상부의 잎이 누렇게 변한다

석회에 내성이 약한 경우로 산성 화분용 배양토로 분갈이해주고 빗물이나 끓여서 식힌 물을 주도록 한다.

잎에 반점이 생긴다

물 주는 방법과 식물의 병해가 주원인이다. 화분 받침에 물을 주어 올리는 저면관수와 병해 치료를 한다. 줄기의 모양까지 변할 정도이면 식물을 버리는 것이 다른 식물 관리에 도움이 될 수 있다.

하부의 잎이 마르거나 떨어진다

빛 부족, 수분 부족, 고온으로 인한 증상이다. 식물의 위치를 적절한 장소로 옮기고 충분히 물을 준다.

노랗거나 붉은 잎 색이 진한 녹색으로 변한다

빛 부족으로 광합성을 통해서 얻어야 하는 색소 합성이 부족하기 때문에 나타나는 현상이다. 충분한 빛을 받을 수 있는 밝은 곳으로 옮긴다.

하부의 잎이 누렇게 변하거나 떨어진다

수분 과다와 노화에 의한 자연적인 현상이다. 화분 안의 토양이 충분히 마른 다음 물을 주도록 하며, 과습을 피하고 노화에 의해 떨어지는 잎은 빨리 제거한다.

잎이 오그라들거나 떨어진다

수분 부족 또는 장시간 온도가 너무 낮은 곳이나 건조한 곳에 노출되었을 때 발생하는 증상이다. 물의 양을 규칙적으로 늘리도록 하며, 물에 화분 전체를 푹 담그고 뿌리 건조 스트레스를 해소한 다음 저온이나 건조한 환경으로부터 빨리 이동시킨다.

잎이 시든다

수분 부족 또는 과다, 화분 전체에 뿌리가 가득 차 더 이상 자랄 수 없는 상태일 때 주로 발생하며, 수분 조절을 한 다음 분갈이하는 것이 좋다.

잎이 떨어진다

식물의 급격한 생활 환경 변화 때문에도 발생한다. 하우스나 생산지 등 빛이 많은 환경에서 갑자기 빛이 적은 실내로 들어올 경우 등 빛의 순화 과정을 거치지 않은 경우 발생한다. 식물은 환경에 변화를 주기 전 반드시 순화 과정을 거치는 것이 좋으며, 분갈이가 필요한지에 대한 고민도 필요하다.

잎의 끝 또는 가장자리가 갈색으로 변한다

화분 전체에 뿌리가 가득 차 더 이상 자랄 수 없는 상태 또는 습도가 낮거나 물주는 과정에서의 시들음이다. 물을 자주 주되 직사광선 아래에서는 주지 않는다.

3) 병충해 증상 및 치료법

잎과 줄기에 흰가루를 뿌린 듯하다

고온 다습하고 환기가 불량할 때 발병하는 흰가루병이다. 다른 식물과 격리 조치가 필요하고 병든 부위를 제거 후 친환경제제를 2회 정도 잎의 앞뒷면에 골고루 도포한다. 2~3일 후 식물 전체를 샤워시키고 상태를 살펴본 다음 증상이 좋아지지 않으면 식물을 버리는 것이 좋다.

솜털이 달린 잿빛곰팡이병이 생긴다

잿빛곰팡이병은 서늘하면서 습기가 많은 경우 주로 발병한다(물을 많이 주었을 때 연한 잎이 상한다). 감염된 부위를 제거하고 오염된 흙은 긁어내거나 분갈이해주는 것이 좋으며, 건조한 환경에 두고 다른 식물과 격리시킨다. 병해충에 감염된 부위가 식물체의 50% 이상이면 식물을 버리는 것이 좋다.

잿빛곰팡이병

흰가루병

생장이 느리다

비료 부족, 수분 과다, 식물의 병해, 화분 속 뿌리 꽉 참 등이 주원인이다. 부족한 영양을 채워주고 물의 양을 조절하거나 병해 입은 부위를 제거하는 등 적절한 처치를 한 다음 분갈이가 필요한지 살핀다.

잎이 가늘고 길게 자란다

영양 부족과 응애(거미류)로 인한 증상이다. 식물이 생장기일 때는 영양 성분을 부족하지 않도록 주고, 잎의 뒷면에 응애가 있으면 해당 부위를 제거하고 친환경적인 방법으로 처리한다.

끈적거리며 반짝거리는 물질과 검은 물질의 반점이 생긴다

그을음병과 진딧물, 온실가루이 등의 해충 때문이다. 식물을 흔들어 온실가루이가 있는지 확인하고, 진딧물은 피해가 적을 때는 손으로 잡아주고 샤워를 시킨다. 그 후 친환경적인 방법으로 방제하거나 병해 부위를 제거하기도 한다.

깍지벌레

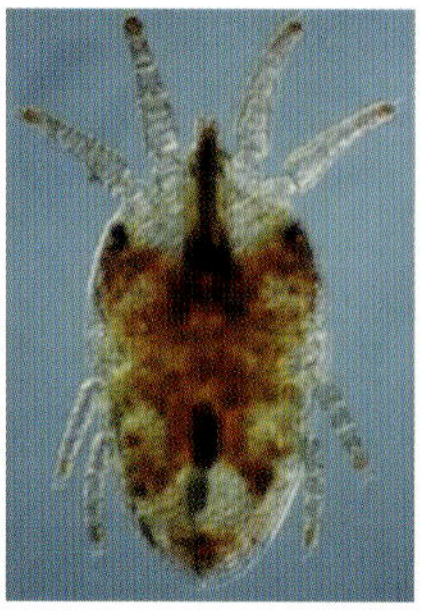

응애

민달팽이

진딧물

온실가루이

총채벌레

5. 잘 자라던 식물이 갑자기 죽었어요 (식물이 죽는 여러가지 이유)

- 물 빠짐이 나빠 뿌리가 호흡을 제대로 할 수 없고 썩는 등 정상적인 기능을 할 수 없는 경우
- 공기가 지나치게 건조하여 잎과 줄기가 서서히 말라가는 경우
- 화분 속 배수가 불량하여 물을 충분히 흡수하지 못하는 경우 등

6. 식물이 보내는 SOS 신호

- 식물 구입처와 우리 집의 광 환경이 서로 다른 경우 일주일 정도 중간 광도에서 적응시킬 필요가 있다.
  예) 햇빛이 많은 곳에서 햇빛이 적은 곳, 또는 반대로 광 환경이 불량한 곳에서 급격하게 광 환경이 좋은 곳으로 식물이 이사하게 된 경우
- 건조에 강한 식물을 구입 후 물을 많이 주면 식물은 새로운 잎을 계속 내어 스트레스를 호소하지만, 식집사는 본인이 식물을 잘 키워서 새잎을 많이 내는 줄 알고 물을 자꾸 주게 되면 어느 날 갑자기 죽어버린다.
  예) 행복나무

행복나무

※ 식물은 동물과 달리 이동의 자유가 없으므로 의사전달 수단으로 향기를 뿜거나 잎을 떨거나 뿌리의 파동 또는 새잎을 내보임으로서 자신의 상태를 알리려는 신호를 보낸다.

03

식물의 특별 상황 대처 방법

1. 여름 휴가철 또는 겨울철 장기간 집을 비울 때

1) 여름철

- 휴가 기간에 따라 관엽식물들은 햇빛이 직접 들지 않는 곳에 모아 두고, 물이 빠지지 않는 화분 받침에 물을 듬뿍 채우고 담가 두는 것이 좋다.
- 자동으로 물을 주는 기계장치를 부착하는 것도 좋은 방법이다.
- 햇빛이 드는 곳이라면 블라인드나 커튼을 쳐 차광해주는 것이 효과적이다.
- 욕조에 물 적당량을 채우고 수건을 깔고 그 위에 화분을 올려 두는 것도 좋다.

2) 겨울철

- 장기간 집을 비우게 될 때나 급격히 온도가 떨어져 일교차가 클 경우 식물들이 냉해(冷害)를 입지 않도록 집안의 실내 온도를 식물의 최저온도에 맞게 난방시설을 가동하는 것이 좋다.
- 창가 또는 베란다에 놓인 식물들이 동해(凍害)를 입지 않도록 방풍 또는 방한 시설을 해주는 것이 좋다.

참고문헌

국가표준식물목록, http://www.nature.go.kr/kpni/index.do

김광진 외, 2014, 만화로 보는 공기정화식물, 농촌진흥청

김광진 외, 2014, 에코힐링을 위한 실내 공기정화식물, 농촌진흥청

김기선 외, 2021, 원예작물학Ⅱ, 한국방송통신대학교출판문화원

김영아 외, 2016, 정원 유지관리 실내식물기르기, 푸른행복

김종근 외, 2014, 테마가 있는 정원식물, 도서출판 한숲

농림축산식품부, 2019, 화훼 재배현황

농사로, http://www.nongsaro.go.kr〉농사백과〉생활문화〉실내정원

농업용어사전, 농촌진흥청, http://www.nongsaro.go.kr

농촌진흥청, 1993, 분화재배 농업기술잡이 pp.139~149

미국농무성식물검색서비스, https://plants.sc.egov.usda.gov/java

미주리식물원, https://www.missouribotanicalgarden.org

박권우 외, 2019, 원예번식학, 선진문화사

류병열, 2015, 정원과 식물, 플로라

서정남 외, 2023, 원예와 함께하는 생활, 부민문화사

이정식, 2012, 화훼류의 개화생리와 재배법, 도서출판 월드사이언스

이종석, 2008, 화훼원예학, 향문사

윌버튼(역자 김광진), 2019, 사람을 살리는 공기정화 식물 50, 중앙생활사

윌버튼(역자 김광진), 2019, 미세먼지 잡는 공기정화 식물 55가지, 중앙생활사

정병룡 외, 2020, 번식과육묘, 경상대학교출판부

정순진 외, 2010, 내가 만드는 실내정원(기본)

정순진 외, 2014, 내가 만드는 실내정원(물관리)

정현환 외, 2011, 한국의 정원식물(초본류), 이담북스

최장경, 1996, 식물바이러스학, 향문사

최종명 외, 2009, 상토학, 학예사

최성렬 외, 2002, 국화재배, 농촌진흥청

한국작물보호협회, 작물보호제 지침서 https://wwwkoreacpa.org/ko/use.book

한국원예치료복지협회, 2020, 원예치료사를 위한 원예학, 부민문화사

한국화훼학회, 2021, 화훼학, 월드사이언스

한국화훼연구회, 1998, 화훼원예학총론, 문운당

한상찬, 1993, 화훼류에 발생하는 선충의 생태 및 방제, 농약정보 1993년 9-10월호

식물이 나에게 보내는 SOS 신호

식집사 박민숙의 식물관리 care-solutions

2024년 6월 10일 발행

지은이 | 박민숙
감 수 | 오 욱 (농학박사, 제주대학교 교수)
만든이 | 정민영
사진 & 디자인 | 어떤날 onedayoneday@naver.com

펴낸곳 | 부민문화사
등 록 | 1955년 1월 12일 제1955-000001호
주 소 | (140-827) 서울 용산구 청파로73길 89(부민 B/D)
전 화 | 02-714-0521 ~ 3
팩 스 | 02-715-0521
http://www.bumin33.co.kr E-mail: bumin1@bumin33.co.kr

정 가 | 10,000원
공 급 | 한국출판협동조합
ISBN 978-89-385-0432-6 93520